AF423500

9 789996 020933

سلسلة الفتوحات الإسلامية

موقعة أجنادين وفتح بيت المقدس

بقلم

محمد ثابت توفيق

مكتبة العبيكان

ح شركة العبيكان للتعليم،

فهرسة مكتبة الملك فهد الوطنية أثناء النشر

سلسلة الفتوحات الإسلامية   ٧   موقعة أجنادين

ردمك: ٣-٩٣٣-٠٢٠-٩٩٦-٩٧٨

نشر وتوزيع العبيكان Obekan

المملكة العربية السعودية – الرياض

طريق الملك فهد – مقابل برج المملكة

هاتف: ٤٨٠٨٦٥٤ ١١ ٩٦٦+،

فاكس: ٤٨٠٨٠٩٥ ١١ ٩٦٦+ ص.ب: ٦٧٦٢٢

الرياض ١١٥١٧

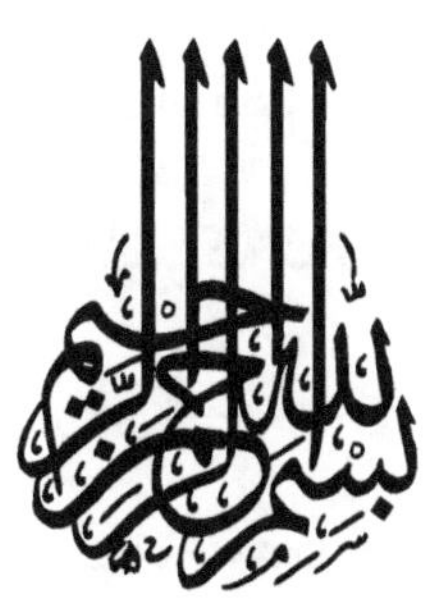

الفصل الأول

أرطبون الروم

استمرار فتوحات المسلمين في أرض الروم

منذ أن نصر الله جنده المسلمين على الرومان بقيادة خالد بن الوليد وأبو عبيدة بن الجراح في موقعة اليرموك، المعركة العظيمة التي أظهر المسلمون فيها من المواقف ما أذهل أعداءهم، وأذهب عقولهم، فلم يستطيعوا الثبات في ميدان المعركة لوقت طويل، وهربوا من أمام جند الله الذين يسعون لنشر دينه، وفرض قيم الحق، والعدل إلى الأرض التي استولى عليها الروم بالقوة، فظلموا أهلها، ومنعوهم حقوقهم.

وفي نهاية المعركة تحررت سوريا من قبضة الروم الظالمة، وهرب هرقل حاكمهم، تم للمسلمين فتح الشام، ودمشق، واستمر الجيش الإسلامي مواصلاً فتوحاته، لا يلقى جيشاً من جيوش الروم إلا هزمه، حتى أنهم ذات مرة قد هجموا على جماعة منهم، وهم يشربون الخمر، وقد وقف أحدهم فيهم مغنياً يقول: «ألا صَبِّحاني قَبْلَ جيشِ أبي بكر» لقد بلغ بهم الخوف مداه، حتى أنهم وهم أقوى قوة في الأرض قد يأسوا من مقاومة المسلمين، فصارتْ هذه الجماعة تشرب الخمر، وهي في شدة الخوف، لا تأمن على

نفسها، فهم يعلمون أن خيل المسلمين التي وجهها إليهم أبو بكر الصديق ليست بعيدة عنهم، سوف تفاجأهم بين لحظة وأخرى، وقد كان ما توقعوه، إذ هجم عليهم جند الإسلام، فقتلوا ذلك المغني، وكان هو الذي يقوم بسقايتهم، فيناولهم الخمر، وقد رفض دعوتهم للدخول في الإسلام، فقتلوه، فاختلط دمه بالخمر ![١].

واستمرت فتوحات المسلمين، وهزائم الروم في موقعة مرج الروم، ثم فتح حِمص، وبعدها فتحوا بلدة اسمها « قنسرين » وفيها رجع أمير المؤمنين عمر عن رأيه، وكلف خالد بن الوليد بفتحها، ومن طريف ما حدث فيها أن أهل قنسرين دخلوا حصونهم، فاحتموا بداخلها من المسلمين، فقال لهم خالد :

ـ « إِنّكم لو كُنتم في السحاب لحملنا الله إِليكم أو لأنزلكم الله إلينا »[٢].

يؤكد لهم أنهم لو هربوا من أمام المسلمين، فلم يدخلوا حصونهم فقط، بل لو كانوا في السحاب العالي لما منع ذلك المسلمين من الوصول إليهم، فإلى أين يهربون من سيوف المسلمين؟ وهم الذين عزموا على محاربتهم،

---

(١) تاريخ الطبري ـ جـ ٣ ـ ص ٤١٠ .

(٢) تاريخ الطبري ـ جـ ٣ ـ ص ٦٠١ .

فلن يستطيع أحدٌ الوقوف ضدهم؛ لأنهم واثقون من أن الله معـهم، فلم ينتظر أهل قنسرين كثيراً حتى استسلموا وطلبوا الصلح مثل أهل حمص، وكعادة حكام الفرس والروم الظالمين، فإن هِرَقْل كبير الروم القيصر لم يتحمل كل هذه الهزائم، فلم يعلن ثباته، ودفاعه عن أراضي مملكته بما يستطيع من عزم وقوة، بل هرب بنفسه بعيداً عن جنده وبلاده!.

واستمرت خيول المسلمين تسابق الرياح، عليها فرسان أشداء حتى استسلم أهل الأردن، وطلبوا الصلح من المسلمين، ومضى المسلمون حتى وصلوا بلداً على ساحل البحر الأبيض المتوسط اسمها قيسارية، وقد كان من أكبر المدن في عهد حكم الروم، فأمر أمير المؤمنين عمـر أن يكون قائد المسلمين في فتح هذه البلدة هو معاوية بن أبي سفيان، ورفض أهل هذه البلدة الصلح، ولم يتعظوا، ولم يأخذوا درساً مما لاقاه الذين هم أشد منهم قوة، وهم من أهلهم، أي أنهم غير بعيدين عنهم، إذ إنهم من الروم أيضاً، لم يستفيدوا مما عاناه الروم من قبل نتيجة عنادهم في اليرموك وغيرها، بل تصدوا لقتال المسلمين عدة مرات، حتى كانت آخر مرة، فقاتلوهم قتالاً عنيفاً، ولكن معاوية كعادة القواد المسلمين صمم على أن يهزمهم، فاجتهد في القتال حتى فتح الله عليه، وانتصر على الروم، فقتل منهم عدداً كبيراً

يقـدر بمائة ألف جنـدي، كـان عنـادهم هو الطريق الذي أوصلهـم إلى هذه النهاية السيئة .

تجمع الروم:

لقد تغلب المسلمون على الروم في جميع المدن، ولم يبق على دخولهم القدس – وكانت تُسمى في ذلك الوقت «إِيليا» – سوى مسافة قصيرة، وقد كانت لهذه البلدة في نفوس الروم منزلة؛ لأن فيها بيت المقدس، وغيرها من المقدسات، وقد كانوا يدعون أنهم على الديانة النصرانية، فإِن لم يكن تمسكهم بدينهم كبيراً، فإِنه من بقية قوتهم أن يبقوا على هذه المدينة في حمايتهم، ولذلك فعندما سار عمرو بن العاص إِلى القدس بناء على أمر عمر لقي مفاجأة في طريقه؛ إِذ وجد أن الروم قد تجمعوا قبل مدينة القدس، قرب مدينة اسمها الرملة، هذا غير الجيش العظيم الذي أعدوه في القدس نفسها(١) .

تنظيم جيوش المسلمين:

كان المسلمون كعادتهم شديدي النظام، وجيوشهم على أتم الاستعداد لمقابلة عدوهم ، ففي الأردن تركـوا أبا الأعـور السلمي، كي لا ينتـهز

---

(١) البداية والنهاية – ابن كثير – جـ ٤ – ص ٧٣ .

أهلها فرصة خروج المسلمين منها، فيهجموا عليهم من الخلف، ولما علم عمر بتجمع الروم لقتال جيش عمرو أراد أن يشغلهم عنه حتى لا يتجمعوا عليه، فيستطيعوا هزيمته فبعث أبا أيوب المالكي إلى مدينة الرملة نفسها، وكذلك كان عمرو قد عين علقمة بن حكيم؛ ومسروق بن فلان لقتال أهل إِيليا.

وأخذت الجيوش المساعدة تأتي إلى عمرو فيرسل بها إلى كل قائد من هؤلاء القواد.

الأرطبون:

قائد الروم في هذه المعركة يُسمى بـ«الأرطبون» وكان من أشد قواد الروم، إِن لم يكن، فقد كان يتمتع بشدة ذكاء وكذلك ببعد نظر، والقدرة الكبيرة على التخلص من الشدائد، والمواقف الصعبة، وهو يستخدم جميع هذه القدرات في معاركه، وهو زيادة على هذا شجاع في ميدان المعركة.

تصرف حكيم:

تجمعت كل هذه المعلومات أمام عمرو، فلم يرد أن يدخل في معركة لم يُحسن الإعداد لها، وهو أحد قواد المسلمين المهرة يرى أن جيش الروم عظيم، وقائدهم ذكي شجاع، لا يريد أن يدخل في المعركة حتى يستطيع

الإمساك بخطأ يستطيع به خداع أرطبون الروم، وبناء خطة واضحة يستطيع بناء عليها إلحاق هزيمة مبكرة بجيش الروم الضخم، وبالتالي قهره وكسر شوكته .

وانتظر عمرو وأخذ يكثر من الاستماع إلى ما تخبره به الرسل الذين يتسللون إلى جيش الروم، راجياً أن يخبره واحد منهم بما يريده، وبما يستطيع أن يبني عليه خطته، فما إن يأتي رسول حتى يستمع إليه جيداً، كلامه جيداً، ويقلبه على كُلِّ وجه، عسى أن يصل عن طريقه إلى خطة واضحة، وفي كل مرة لا يصل إلى ما يريده .

ولما كان الله – عز وجل – قد وهب عمراً من حضور الذهن وحِدَّة الذكاء الكثير فإنه لم يستسلم للأمر الواقع[1] وقرر في نفسه أن يتصرف، ولما فكر جيداً وجد أنه ليس لديه إلا تصرف واحد، وهو شديد الخطورة، ولكن متى كانت خطورة المواقف تمنعه من تنفيذ ما يريده وهو...

---

(١) انظر عمرو بن العاص – محمد علي قطب – ص ٣٥.

الفصل الثاني
أرطبون العرب

أمير المؤمنين يصف عمرًا:

ووصلت الأخبار إلى أمير المؤمنين عمر، وعلم أن عمراً يستعد لقتال قائد داهيــة ـ شــديد الذكــاء ـ من قــادة الروم، وعلم أيضــاً الكثيــر عن شجاعته، وقدرته على التصرف، فكان جوابه:

ـ «لقــد رَمَــيْنا أرْطَبُــون الروم، بأرْطبــون العــرب، فلننظر عَمَّ تَنفَرج الأمور»[1].

فعمر واثق مـن شدة ذكاء عمرو، وشجاعته وقدرته على التصرف، وهو متأكد من أن أرطبون الروم هذا مهما بلغ من حدة ذكائه، أو بُعْدِ نظره، فلن يستطيع أبداً أن يساوي حدة ذكاء وبعد نظر القائد الذي أرسله لقتاله؛ بل يصفه بأنه أرطبون العرب، وقد وجهه لقتاله، وما على المسلمين إلا انتظار نتيجة المعركة.

قوة عمرو:

إنَّ عمراً يتميز بقوة ذكائه، زيادة على قوته الجسدية، حتى أنه يروى[1]

<hr>

[1] رجال حول الرسول ـ خالد محمد خالد ـ ص ٦٤٩.

أن أمير المؤمنين عمر كلما رأى إنساناً عاجز الحيلة، غير قادر على التفكير أو الخروج من ورطة، أو مأزق تعجب قائلاً:

– « سبحان الله ! إنَّ هذا وخالق عمرو بن العاص إله واحد »! .

لقد كان عمرو في جهة نظره هو مثال الذكاء، والعقل، ولم تقتصر صفات عمرو على ذلك، وإنما كان يجيد خداع الذي أمامه، وبالتالي إفهامه أمر غير حقيقي لم يحدث، ودون أن يكذب، وذلك كله من سعة حيلة عمرو، وسنعرف بعد قليل كيف استفاد عمرو من سعة حيلته .

الحيلة:

وحينما لم تبق أمام عمرو إلا الحيلة لمعرفة أسرار الروم العسكرية قبل أن تبدأ المعركة وحينما لم تنقل إليه الرسل ما يريده، قرر الذهاب إلى قائد الروم، إلى الأرطبون بنفسه! .

نعم إنها الشجاعة حينما تجتمع مع قوة العقل، والقدرة على التغلب على الصعاب حينما تجتمع كل هذه الصفات لإنسان واحد، ويرزقه الله مع ذلك كله الإيمان، إذن فقد وُهِبَ هذا الانسان من الخير الكثير .

لم يتردد عمرو حينما استقر رأيه على الذهاب بنفسه إلى قائد الروم، لم يتردد حينما علم أنه لا حل إلا هذا، فتنكر بعدما غيّر ملابسه، وارتدى

ملابس أخرى كتلك التي ترتديها الرسل، وخرج حتى دخل على الأرطبون كأنه أحد رسل المسلمين.

الأرطبون يعرف عمرًا:

يا له من موقف طريف، فأذكى أذكياء الروم، وقائدهم يجتمع مع أذكى المسلمين الاثنان يجتمعان في مكان واحد، وكلٌّ منهما قد عُرِفَ عنه حسن التفكير، وحسن الإدراك، لقد صدق عمر بن الخطاب حينما قال بأنه أرسل أذكى العرب إلى أذكى الروم، ونصح أصحابه أن ينتظروا معه النتيجة، ولم يقل لهم بأنه يعرفها مسبقًا!.

ودخل عمرو متنكراً على قائد الروم،، فحياه كما يحيي الرسل، وأخذ يتكلم كما يتكلمون، فالذي يراه وهو يتحدث لا يشك في أنه رسول، ولكن عمراً أخذ يقول كلاماً محدداً يريد منه توصيل معلومات معينة إلى قائد الروم.

وحرص عمرو أثناء حديثه على أن يرى بنفسه ما لم يستطع الرسل أن ينقلوه إليه، فكان يتأمل المكان جيداً، ويستدل على مدى قوة الروم من أشياء يعرفها.

ولكن الأرطبون بعدما تأمل عمراً جيداً، دهش من حدة ذكائه، ولباقته في الحديث، فجعل ينظر إليه أكثر، ويطابق بينه ، وبين الصفات التي يعرفها

عن عمرو نفسه حتى وصل بذكائه الشديد إلى أن هذا الذي يقف أمامه إذا لم يكن عمراً نفسـه، إذن فهـو أحـد أبطاله المعـدودين الذي لا ينبـغي أن يفلت من يده، أو أن يتركه دون أن يقتله، وقال في نفسه: إنه إن قتله أحزن المسلمين حـزناً شـديداً على قـائدهم، إن كـان هو القـائد، أو على أحـد عظمائهم على الأقل.

الأرطبـون يخطط لقتل عمرو:

وبينما عمرو يستعد للخروج من عنده، بعدما حقق ما يريده، وعرف المدخل الذي يمكنه هزيمة الروم من خلاله، كان ذهن قائد الروم منشغلاً بأمر آخر تماماً، إذ إنه أمر أحد حراسه أن يقف في مكان سيمر عليه عمرو وهو خارج، وقال له في السر بأن عليه أن يقتله.

ورغم أن الرسل لا يقتلون لأنهم يكلفون بنقل الأخبار، وقد دخل عمرو عليه كرسول إلا أن قائد الروم لم يكن يحترم القيم والمبادئ المتفق عليها، وقد أصر في نفسـه على قتل هذه الرسول؛ بعـدما علم أنه أحد عظماء المسلمين على الأقل إن لم يكن قائدهم.

عمرو يكتشف خديعة قائد الروم.

ولكن هل تدخل هذه الحـيلة التي يدبرها أذكى الروم وقائدهم على أذكى العرب وقائدهم؟

لا، فقد أحس عمرو بذكائه الشديد، ومن قبل بحسه الإيماني المرهف بأن في الأمر شيء قد دبره الأرطبون لقتله، وكما حاول الأرطبون استخدام ذكائه في القضاء عليه، استخدم عمرو ذكاءه في النجاة مما خطه عدوه فقال له:

ـ «قد سمعت منيّ وسمعتُ منك، فأما ما قلته فقد وقع مني موقعاً ـ أي: فهمتُه فهماً معيناً ـ، وأنا واحدٌ من عشرة، بعثنا عمر بن الخطاب مع هذا الوالي لنكاتفه ويشهـدنا أمـوره، فـأرجع فـآتيك بـهم الآن فـإن رأوا في الذي عـرضت مـثل الذي أرى، فـقـد رآه أهل العسكـر والأمـيـر وإن لـم يروه رددتهم إلى مأمنهم، وكنت على رأس أمرك» .

يقول له بأنه بأن قد سمع كلامه، وفهمه، وأُعجب به، ففرح الأرطبون بكلامه، فأخذ عمرو يغريه حتى يتركه فقال له بأنه أحد عشرة أرسلهم عمر بن الخطاب مع عمرو بن العاص كي يساعدوه، ويشهدوا على ما يحدث معـه، وهو يعـرض أن يرجع إلى التسعة البـاقين، فيأتي بـهم، كي يسمـعـوا كلامه، ويفهموه، كما سمعه وفهمه هو، فإن اتفقوا على رأيه فقد اتفق جميع الجند والأمير عليه، لأنهم العشرة الذين يساعدونه، وهو يأخذ دائماً برأيهم، فطمع الأرطبون في قتل العشرة جميعاً، بعدما صدق كلمات عمرو

ودخلت عليه الحيلة، واختتم عمرو كلماته بقول يطمئن الأرطبون به، فهو يقول له بأن التسعة الباقين إن لم يقتنعوا بالعرض الذي عرضه عليه: فسوف يعودون في سلام، وللأرطبون أن يتصرف بعد ذلك كما يشاء.

الأرطبون يصدق حيلة عمرو:

وبدلاً من أن ينفذ الأرطبون حيلته ويقتل عمراً، فقد صدق حيلة عمرو وأمر الحارس ألا يقتل عمراً الذي مرَّ سالماً ثم لم يعد إليه ثانية، فعلم أرطبون الروم أن قائد المسلمين عمراً قد خدعه، فاعترف قائلاً:

« خدعني الرّجُل، هذا أدهى الخلق » .

لقد اعترف بأن عمرًا قد خدعه، واعترف ـ أيضاً ـ بأن عمراً هو أكثر الناس ذكاء في زمانه، وبالتالي هو أكثر عقلاً منه .

وعاد عمرو سالماً بعد ما علم من أسرار الروم الكثير، ولكن هذه الحكاية وصلتْ إلى عمر بن الخطاب أمير المؤمنين فقال:

« غلبه والله عمرو »[1] .

الاستعداد للمعركة:

وعرف عمرو بنفسه ما لم تستطع الرسل أن تخبره به، واستطاع بذكائه أن يقدر قوة الروم، وكيف يمكنهم أن يقاتلوا وإلى أي مكان سوف يتجهون في حربهم للمسلمين، وعليه فقد بدأ يستعد للمعركة، ومن ثَمَّ رتب خطته، وهجم بجنوده على جيش الروم وقائدهم الذي كان يظن بنفسه الذكاء الشديد .

الفصل الثالث
المعركة

قتال اليأس:

وبدأت المعركة شديدة قوية، أجمع الرواة أنها لم تكن أقل شدة من معركة اليرموك[1]، وتداخل الجيشان، وسيوف المسلمين ترفعها أيديهم القوية إلى أعلى، ثم تنزل بها في قوة رؤوس أعدائهم من الروم، والروم ثابتون يقاتلون قتال اليائس الذي لا يعرف لنفسه مكانًا إن هُزِمَ في هذه المعركة، بينما المسلمون يقاتلون عدوهم في حدة، لا يخفهم منه كثرة عدده، وقوة سلاحه، لأنهم يعلمون أنهم على الحق، وأن عدوهم على الباطل وإن كثُر عدده، وتضخم سلاحه.

كان المسلمون يقاتلون في قوة واستبسال تزيد على ثبات جنود الروم، لأن بداخلهم الأمل في نصر الله، بينما في نفوس جيش عدوهم اليأس من نصر كبيرهم قيصر الروم الذي هرب وترك لهم البلاد.

كان الأمل يملأ نفوس المسلمين لأنهم يعلمون أن الذي يقع منهم في

____

(١) العبر والمبتدأ والخبر – ابن خلدون جـ١ – ص ١٠٤، وانظر البداية والنهاية جـ ٤ ص ٧٤، وتاريخ الطبري جـ٤ – ص ٦٠٦.

ميدان المعركة ليس بقتيل بل هو شهيد، ليسوا أمواتًا لأنهم أحياء عند ربهم يرزقون كما أخبرهم بذلك القرآن الكريم وهم حينما يرون أحدهم يسقط شهيداً يستبسلون في قتال عدوهم كي يستشهدوا مثله، فيلقون مصيره؛ إذ إنه سوف يكون في أعلى درجات الجنة مع الصديقين والنبيين.

واستمرت المعركة شديدة قوية، ذاق فيها جيش الروم حدة سيوف المسلمين مما جعلهم يهربون من ميدان المعركة، متوجهين إلى بيت المقدس ليحتموا به، وقيل إن عدد الذين هربوا في ذلك اليوم كان ثمانين ألف جندي من جند الروم[١].

دخول المسلمين أجنادين:

ودخل المسلمون بقيادة عمرو بن العاص أجنادين منتصرين بعدما أعزهم الله، وخذل عدوهم من الروم، وكذلك نجحت جيوش المسلمين في شغل بقية جيوش الروم عن جيش عمرو في أجنادين ولكن ظهرت مشكلة جديدة، وذلك أن هذه الجيوش لم تستطع دخول إيليا أو مدينة بيت المقدس، ثم إن الروم الذي هربوا من ميدان المعركة من أمام المسلمين في أجنادين قد انضموا إليهم. فهل يكتفي المسلمون بما حققوه من نصر في

---

(١) عمرو بن العاص ــ عبد السلام العشري ــ ص ٥٦.

أجنادين؟ لا بل إنهم يتطلعون إلى نشر دين الله في جميع نواحي الأرض، وهم في هذه المرة لن يرضوا بأقل من فتح بلاد الروم، ونشر صوت الحق، صوت الإسلام فيها، وهم قد عرضوا على قائدهم الأرطبون الدخول في الإسلام فرفض، فعرضوا عليه أن يسمح لهم بنشر دين الله بين أهل فلسطين، فرفض أيضاً، فخيروه بين الإسلام، ودفع الجزية مقابل أن يدافع المسلمون عن الأرض التي يحكمها، ويتركوا للشعب حرية الاختيار بين الدخول في الإسلام ودفع الجزية، فرفض. فلم يبق أمامهم مفر من حربه حتى النهاية، وهل سيقف بعناده الشديد للحيلولة دون إيصال صوت الحق، صوت الإسلام إلى شعبه؟ ومتى كان من أمثاله من القادة المتجبرين يمنعون المسلمين من إيصال دين الله إلى الناس؟.

واجتمعت جيوش المسلمين إلى جيش عمرو في أجنادين، الجيش الذي كان قد سار إلى الرملة بقيادة أبي أيوب المالكي، والجيش الذي كان قد سار إلى مدينة بيت المقدس بقيادة علقمة بن حكيم، ومسروق بن فلان وغيرهم من قادة المسلمين الأبطال، فأخذوا يخططون لفتح إيليا أو «القدس».

رسالة من الأرطبون:

وبينما هم على هذه الحالة وصلتهم رسالة من حاكم فلسطين الأرطبون، يخاطب فيها قائد جيوش المسلمين عمراً فيقول له:

«إِنَّك صديقي ونظيري، أنت في قومك مثلي في قومي، والله لا تفتح من فلسطين شيئاً بعد أجنادين، فارجع ولا تغتر».

إنه يقسم بأن المسلمين لن يتقدموا في بلاد الروم أكثر مما تقدموا، وينصح عمراً بأن يتراجع عن قتال أهل القدس كي لا يهزم.

أرطبون المهزوم يوجه هذه الكلمات إلى جيش عمرو المنتصر، وهو يقسم على ذلك، فما من فرصة أمام عمرو إلا أن يبطل له قسمه هذا ويفتح القدس.

عمرو يرد على رسالة الأرطبون:

ووصل خطاب الأرطبون إلى القائد المنتصر عمرو بن العاص، فقرأ ما فيها من تهديد الأرطبون المهزوم، وتحذيره من التقدم بجيش المسلمين، ومن كلمات لا تدل إلا على أن الأرطبون المهزوم لا يجد ما يقوله فيلقي بالتهديدات التي لا معنى لها، فمهما كانت قوة الروم التي جهزوها في مدينة إيليا المقدسة، فإنها لن تكون بأشد من قوتهم في معركة اليرموك، وفي معركة أجنادين، وقد كان جيش عمرو يحارب بعيداً عن جيوش المسلمين، أما وقد اجتمعت لديه كل الجيوش فماذا ستستطيع الروم أن تفعل، ولذلك أسرع عمرو بالرد على رسالة قائد الروم، وقال في جوابه:

« جاءني كتابك، وأنت نظيري ومثلي في قومك، لولا خَصْلة وهي أنك تجاهلت فضيلتي، وقد علمت أني صاحبُ فتح هذه البلاد، استعدِي عليك فلاناً وفلاناً وفلاناً – وأطلب رأي أناس حددهم عمرو من وزراء الأرطبون فأقرئهم كتابي، ولينظروا فيما بيني وبينك » .

وفي كلمات حازمة واضحة يرد عمرو على تهديد الأرطبون، الذي لا معنى له فيقول بأن خطابه قد وصل إليه، وهو يرد على ما قاله في مقدمته خطابه من وصف الأرطبون لنفسه بين الروم، فهو يرى أنه مثل عمرو بين المسلمين، يوافقه عمرو على هذه الرأي، ولا حاجة له لأن يذكر أن هناك فارقاً بينهما، فإِن امتاز كلٌّ منهما بأنه شديد الذكاء، معروف في قومه بالقدرة على اجتياز الصعاب، فإِن عمراً يختلف عنه في انتصارين حققهما عليه، فقد انتصر عليه في لقاء منفرد كان بينهما، وهي الحادثة الطريفة التي استطاع عمرو فيها بمنتهى الشجاعة أن يتخلص من الحيلة التي دبرها الأرطبون لقتله حينما ذهب إِليه عمرو متنكراً في ملابس رسوله، وخرج من عنده سالماً بعد أن استطاع معرفة كل المعلومات التي أرادها.

وهذا هو الموقف الأول الذي تغلب فيه عمرو على الأرطبون، وهناك موقف آخر أشد وهو الذي انتصر فيه عمرو وجند المسلمين على الأرطبون

وجند الروم، وبعد ذلك يقول قائد الروم أنه مثل عمرو في قومه، وعمرو في أدب يخبره بأنه كذلك، لولا أن هناك شيئاً ينقصه، ذلك أنه لا يعرف قدره حتى الآن، حتى بعدما تلقى الهزيمة المُرَّة على يده، حتى الآن لا يستطيع تقدير مكانة عمرو والمسلمين، وأنهم قادرون على هزيمته مرة ثانية، أما إذا أراد الحقيقة فإن عمراً هو الذي سيكمل فتح فلسطين سواء رضي الأرطبون المنهزم أم لم يرض.

ويخبر عمراً الأرطبون بأنه إن لم يصدق فإن عليه – فقط – أن يستشير أناساً حدد له أسماءهم من وزرائه، وعليه أن يسألهم عن آرائهم، هل عمرو هو القائد الذي سيفتح فلسطين أم لا؟ ذلك لأنه يعرف رأيهم جيداً، ويعرف أنهم يعرفون أنه هو الذي سيفتح هذه البلاد، وهم أقرب للأرطبون من عمرو فهم وزراؤه الذي يعرفهم جيداً، وهم لن يشيروا عليه إلا بالرأي الصحيح.

وزراء الأرطبون يتعجبون من كلام عمرو:

وسار الرسول الذي اختاره عمرو من المسلمين بالرسالة، وكان عمرو قد تعمد أن يكون عالماً باللغة الرومية التي يتحدث بها الأرطبون وأصحابه، وكذلك فقد أمره بأن يظهر هذا، فيقف أمامهم وكأنه لا يعرف اللغة التي

يتحدثون بها، ذلك حتى يستمع جيداً إلى ما يقولون، ثم يرجع فيخبر عمراً بما سمع، فيتخذ قراراته بعد ذلك بناء على ما أعلمه الرسول.

ووصل الرسول إلى الأرطبون الذي قرأ خطاب عمرو فتعجب مما فيه، ولم يملك إلا أن يقرأه على وزرائه كما طلب منه عمرو كي يخبروه برأيهم.

وبعد قراءة الأرطبون للخطاب، أخذ وزراؤه يتعجبون، ويضحكون مما جاء فيه، كل هذا والرسول المسلم الذي أمره عمرو بأن يستمع جيداً لما يقولون واقف يستمع ويشاهد وإن كانت ملامحه لا تدل على ذلك، وحين فرغ قائد الروم من القراءة ضحك وزراؤه، وتعجبوا من كلام عمرو وسألوا قائدهم :

« من أين علمت أنه ليس بصاحبها؟ » .

يسألونه عن السبب الذي لأجله يتمسك بأن عمراً ليس بصاحب فتح هذه البلاد، فقال الأرطبون :

« صاحبها رجل اسمه عمر، ثلاثة أحرف » .[1]

إن المعلومات التي لديه، والتي أخذها عن الكتب التي يقدسها وقومه بحكم أنهم نصارى قد أخبرته بأن الذي سوف يقود فاتحي القدس

---

(١) تاريخ الطبري – جـ ٣ – ص ٦٠٦ .

اسمه عمرو يتكون من ثلاثة أحرف فقط، وعمرو اسمه يتكون من أربعة أحرف .

ورغم أن كتب النصارى من عهد قديم وعهد جديد؛ من توراة وإنجيل قد تعرضت للتزييف، والتغيير حسب رغباتهم، إلا أن الله قدر أن هذه المعلومة لم تكن مما وصلت إليها أيديهم بالتزييف والتغيير .

حُسن تصرف عمرو:

والموقف السابق موقف من المواقف التي تشهد برجاحة عقل عمرو وقدرته على خداع الأرطبون الذي لم يعلم أن رسول عمرو الواقف أمامه يعرف جميع ما يقوله لوزرائه، ويفهم لغتهم جيداً، وسوف ينقل هذه الكلمات بدقة إلى عمرو، إنه موقف آخر من المواقف التي تغلب فيها ذكاء عمرو على ذكاء الأرطبون، وبذلك تجنب تجدد القتال بينهما، إذ إنه علم بالتحديد السبب الذي يحارب لأجله قائد الروم، ويدفع بجنوده من أجله إلى هلاكهم، لقد علم أن هناك حلاً آخر يتجنب فيه إراقة الدماء، وهو الإرسال إلى أمير المؤمنين فهو عمر الذي اسمه على ثلاثة أحرف، والذي حدده الأرطبون، دون أن يعلم أن الرسول الواقف أمامه سوف يخبر عمراً بكلماته .

رسالة من عمرو إلى عمر:

وأرسل عمرو رسالة إلى أمير المؤمنين يقول له فيها:

– «إنّي أعالج حرباً – صعبة مجهدة، وبلاداً ادُّخرت لك، فرأيك»[1] .

إنها كلمات مختصرة، ولكنها تصف الموقف بدقة، كلمات موجزة ولكن فيها حقيقة الموقف كله، إذ يصف عمرو الأمر الذي يواجه بأن أمام حرب صعبة مجهدة، سوف يصطدم فيها المسلمون من جديد بأعدائهم، وسوف يُقتل من أعدائهم الكثيرون كما قُتلَ في معركة أجنادين، وكذلك سوف يستشهد من المسلمين عدد غير قليل، ولكن هناك حلاً آخر استطاع عمرو أن يتوصل إليه، وهو أن هذه البلاد أرض فلسطين لن يكتمل فتحها إلا على يد عمر نفسه، وهو بعد أن عرض ما لديه من الوقائع والرأي، يلتزم أدب الحديث مع قائده كما علمه الإسلام، إذ يختتم خطابه بكلمة:

« فرأيك » .

أي أن عمراً قد عرض ما لديه، وهو ينتظر القرار النهائي من أمير المؤمنين، حاكم المسلمين عمر، وسوف يتصرف بناء على ما سيرد إليه من كلماته بعد ذلك .

وهكذا سار المسلمون بعد أقل من عامين من بداية فتوحاتهم لبلاد

---

[1] البداية والنهاية – ابن كثير – جـ ٤ – ص ٧٤ .

الروم، على أبواب فتح المدينة المقدسة لديهم « القدس » واستخلاص فلسطين كاملة وتحرير أهلها من ظلمهم، فقد بدأت اليرموك في العام الثالث عشر من هجرة الرسول، وكانت معركة أجنادين في العام الخامس عشر من الهجرة، وإن كان من المؤرخين مَنْ يرى أنها قبل ذلك، في عهد أبي بكر الصديق إلا أن أرجح الآراء أنها كانت في عهد عمر[1].

---

(١) ديوان العبر والمبتدأ والخبر – ابن خلدون – جـ ١ – ص ١٠٦.

الفصل الرابع
رأي أمير المؤمنين

المسلمون ينتظرون:

لم يبق أمام عمرو والذي معه من الجنود سوى انتظار قرار أمير المؤمنين وحاكمهم عمر، وبناء عليه سوف يتصرفون، وبينما هم في انتظارهم، كان عمر قد كتب إلى أبي عبيدة بن الجراح قائد جيوش المسلمين في الشام يأمره بأن يتحرك ويسير إلى أهل بيت المقدس ومحاربتهم، ومحاربة الذين يقفون في صفهم.

استجابه أبي عبيدة لأمر أمير المؤمنين:

وحينما وصلت رسالة عمر إلى أبي عبيدة أسرع بتعيين أحد كبار المسلمين مكانه وهو سعيد بن زيد بن عمرو بن نفيل، فجعله حاكمًا على دمشق مكانه، ثم خرج بالذين معه من المسلمين حتى الأردن فاستقر فيها قليلاً، وكعادة المسلمين في تحذير عدوهم قبل قتاله، وإرسال رسالة يخيرونه فيها بين الدخول في الإسلام، أو دفع الجزية، أو الحرب فقد أرسل أبو عبيدة إلى أهل إيليا أو أهل بيت المقدس رسالة يقول فيها:

رسالة تحذير:

« بسم الله الرحمن الرحيم، من أبي عبيدة بن الجراح إلى بطارقة – أي : أكابر – أهل إيليا وسكانها، سلام على من اتبع الهدى وآمن بالله العلي الأعلى؛ أما بعد فإني آمركم أن تشهدوا أن لا إله إلا الله وحده لاشريك له وأنّ مُحمداً عبده ورسوله عليه الصلاة والسلام، وأنّ ما جاء به من عند الله عزّ وجلّ حقّ، والجنّة حق والنار حقّ، وأن الساعة آتية لا ريب فيها، وأنّ الله يبعث مَنْ في القبور، فإذا شهدتم بذلك فقد حرمت علينا ودماؤكم وأموالكم إلا بحقها، وأنتم إخواننا في ديننا وشركاؤنا في حظن – نصيبنا من رضا الله في الدنيا والآخرة –، وإن أبيتم ذلك سرتُ إليكم بقوم هم أحبّ للموت من شربكم الخمور وأكلكم لحم الخنزير، ثم لا أرجع عنكم أبداً إن شاء الله حتي أقتل مقاتلتكم – وهم الذين لهم القدرة على الحرب ضد المسلمين – وأسبي ذريتكم – يأخذ نساءهم وأبناءهم أسرى حرب – وأقسم أموالكم، فاختاروا، اعلموا أني في اثركتابي هذا إليكم إن شاء الله، ولا قوة إلا بالله العلي العظيم(١).

كلمات واضحة، محددة كعادة المسلمين، يدعو فيها أبو عبيدة حكام أهل بيت المقدس إلى الاستماع إلى صوت الحق والصدق؛ إلى الإسلام،

____

(١) الفتوح – ابن أعثم – جـ ١ – ص ٢٨٩.

والإيمان بالله ورسوله، والحياة الآخرة من جنة ونار، وإلا فإن عليهم أن يتركوا المسلمين كي يدعوا الناس إلى الإيمان، فإن لم يقبلوا بالإيمان ولا بدعوة الناس إلى الإسلام، ولا بدفع الجزية فإن عليهم أن يتحملوا ما سيحدث لهم، إذ إنه سوف يكون لزاماً عليهم أن يحاربوا المسلمين، الذين يحبون هم الموت والشهادة في سبيل الله، كما يحبون شرب الخمر وأكل لحم الخنزير، ويكرر أبو عبيدة في آخر الرسالة أنه إنما يحذرهم، وهو قادم إليهم يسابق الريح.

رد أهل بيت المقدس:

ووصلت الرسالة إلى أهل إيليا، وانتظر ردهم، غير أنهم قرؤوا الخطاب، وفهموا ما فيه، ولكنهم، ولم يردوا عليه، مختارين الحل الصعب ألّا وهو محاربة المسلمين، وهكذا أسرع أبو عبيدة بالمسير إليهم، حتى وصل إلى مدينتهم حين علم أن ردهم كان رفض ما جاء برسالته، فلم يبق أمامه إلا تحقيق ما حذرهم منه.

الحـــرب:

وتجددت الحرب بين الروم والمسلمين من جديد، وتحقق ما حذرهم به أبو عبيدة، إذ إن جنود الروم قد رأوا من المسلمين ما لم يكن قد خطر لهم على

بال، ولم يكونوا راغبين في الموت مثلهم، فهم يحاربون وهم حريصون علي الحياة، أما الجندي المسلم فهو يحارب وهو يتمنى الموت كي ينال منزلة الشهداء .

وهُزِمَ الروم من جـديد، واضطروا من جـديد إلى أن يدخلوا مدينتهم، فيحتموا فيها من سيوف المسلمين، بعدما رأوا قتلاهم يتزايدون[1] .

واستمرت الحرب أياماً كثيرة، وحينما لم يجد الروم في أنفسهم قوة، فالمسلمون يحاصرون مدينتهم من كل اتجاه، ويقاتلونهم؛ فخرجوا منها، فلما طالت عليهم الحرب وأيقنوا أنهم مهزومون، أرسلوا إلى أبي عبيدة قائد جند المسلمين يقولون له :

أهل بيت المقدس يطلبون الصلح:

ـ «إنّا قد أحبتنا مصالحتكم ولسنا نثق بكم، ولكن اكتبوا إلى صاحبكم عمر بن الخطاب حتى يقدم علينا فيكون هو الذي يعطينا الأمان، ويكتب لنا العهد فإنّ به واثقون وإليه نميل» .

لقد استسلموا وهم يطلبون الصلح كما صالح المسلمون من قبل أهل

---

(١) الفتوح ـ ابن أعثم ـ جـ ١ ـ ص ٢٩٠ .

مدن الشام[1]، ولكنهم خائفون، لا يأمنون على أنفسهم، ويخافون، وهم يثقون في عمر أمير المؤمنين، وإليه تميل أنفسهم، لذلك فإنهم لن يسلموا المدنية المقدسة إلا له.

وكعادة قادة المسلمين فقد أخذ أبو عبيدة يستشير من حوله من الصحابة، فقال له معاذ بن جبل:

« أرى أن تكتب إلى أمير المؤمنين، وتسأله القدوم إليك فلعله إذا قدم أن يصلح الله عز وجل به باقي بلد الشام إن شاء الله – يقصد الجزء المتبقي من فلسطين وكانوا يعدونها من بلاد الشام.

أبو عبيدة يُعلم أمير المؤمنين:

ارتاح أبو عبيدة إلى رأي معاذ بن جبل، فأرسل بخطاب إلى أمير المؤمنين يخبره فيه بما حدث لهم مع أهل مدينة إيليا أو بيت المقدس، ويخبرهم بأنهم طلبوا الصلح على أن:

« يقدم عليهم أمير المؤمنين فإنه هو الموثوق به عندهم، فيكتب لهم كتابًا بأمانهم، ثم إنا خشينا أن يقدم – يجئ – أمير المؤمنين فيغدروا بعد ذلك، ويرجعوا، فأخذنا عليهم العهود والمواثيق أنهم لا يغدرون وأنهم

---

(١) تاريخ الطبري – جـ ٣ – ص ٦٠٨.

يؤدون الجزية، ويدخلون فيما دخل فيه أهل الذمة، فأقروا - لنا بذلك، فإِن رأيت يا أمير المؤمنين، أن تَقْدُمَ علينا فافعل، فإِن في قدومك من الأجر والثواب ما لا يخفى عليك».

يُطلع أبو عبيدة أمير المؤمنين على حقيقة الموقف كي يدرك جميع أبعاده، فيختار القرار الصحيح في أمرهم.

عمر يستشير أصحابه:

وإِذاكان قائد الجيوش الإِسلامية قد استشار أصحابه وهو على أبواب مدينة إيليا؛ فنصحوه أن يضع الأمر بين يدي عمر، فإِن عمر وهو أمير المؤمنين قد استشار أصحابه في أمر ذهابه إلى أهل بيت المقدس، أو عدم الذهاب إذ إِن الإِسلام قد علم المسلمين قاعدة لم تعرفها أرقى الأمم من قبل، ولو أنها توافرت لدى الفرس، أو الروم لتغيير من تاريخ حياتهما الكثير، وقد كان أحد أهم أسباب زوال ملكهما أن الحكام وحده هو الذي يتخذ القرار المناسب لمصالحة وراحته هو، وسيطرته وغناه؛ دون مرعاة لحال الشعب، أو حتى الجنود.

أما عن عمر حاكم المسلمين فإِنه لما قرأ خطاب أبي عبيدة، أرسل إِلى كبار الصحابة من المهاجرين والأنصار في المدينة المنورة، وحين حضروا عنده استشارهم في أمر خروجِه إِلى أرض فلسطين.

رأي عثمان بن عفان:

فكان رأي عثمان بن عفان ألاّ يخرج عمر إلى أهل مدينة إيليا، فإن الله قد أذلهم، بأن مكّن أبا عبيدة، وجنود الإسلام من محاصرتهم، والتضييق عليهم، وهم في كل يوم يزيدون ضَعْفاً، وينقصون عدداً، وهو حينما يتركهم فإنما يقلل من أمرهم، فلا يجدون حلاً أمامهم سوى مصالحة المسلمين ودفع الجزية[1].

رأي عليّ بن أبي طالب:

فلما انتهى عثمان من رأيه سأل أمير المؤمنين الصحابة:

« هل عند أحد منكم غيار هذا الرأي ».

فقال علي بن أبي طالب:

« نعم عندي من الرأي، إن القوم قد سألوك المنزلة ـ وهم في الوضع ـ التي لهم فيها الذل والصَّغَار ونزولهم على حكمك عز لك، وفتح المسلمين، لك في ذلك الأجر العظيم في كل ظمأ ومخمصة وفي قطع كل وادٍ وبقعة حتى تقدم إلى أصحابك وجندك؛ فإذا قدمت عليهم كان الأمر والعافية والصلح والفتح إن شاء الله ».

---

[1] البداية والنهاية ـ ابن كثير ـ جـ ٤ ـ ص ٧٥ .

يقول عليٌّ: إِن الروم قد طلبوا الصلح وهم في مكانة حقيرة، وهم أصحاب التاريخ الطويل في حكم الدول، وإِذلال الشعوب، ومجرد تسليمهم لأمر الإِسلام، وقبولهم بدفع الجزية ذل لهم، ونصر لجند الله من المسلمين، وإِعلاء لصوت الحق في الأرض، فها هم الروم الذين كانوا يشمخون بأنوفهم يطلبون الصلح، ويقبلون دفع الجزية، وهو على ذلك له الأجر والثواب العظيم من الله في سيره إِليهم، ثم إِن عليًا وضح أمراً آخر فقال:

«وأخرى فإِني لست آمن الروم إِن هم أيسوا من قبولك الصلح وقدومك عليهم أن يتمسكوا بحصنهم، ويلتئم إِليهم إِخوانهم من أهل دينهم فتشتد شوكتهم ويدخل على المسلمين من ذلك البلاء ويطول أمرهم، وحربهم ويصيبهم الجهد والجوع، ولعل المسلمين أن يقتربوا من الحصن، فيرشقونهم بالنشاب أو يقذفونهم بالحجارة، فإِن أصيب بعض المسلمين تمنيت أن تكون قد افتديت قتل رجل مسلم من المسلمين بكل مشرك؛ فهذا ما عندي، والسلام».

يعرض عليٌّ أمرًا آخر هو أن الروم إِذا ما يئسوا من مسير عمر إِليهم فقد يعاندون ويُحْكِمون غلق حصونهم، ويطلبون مساعدة الذين هم على دينهم من الروم، وبذلك يطول وقت حربهم مع المسلمين، وهم موقنون

بأنهم سوف يقتلون على آية حال، طالما أن شرطهم لإتمام الصلح لم ينفذ، لذلك فقد يحتمون بالمدينة، ويرمون المسلمين المحاصرين له من خارجه بالرماح والحجارة، وكل ما تصل أيديهم إليه من أدوات الحرب، فيموت من المسلمين ولو عدد قليل، وعمر حريص على عدم إراقة دم جندي مسلم واحد، فإذا رفض المسير إلى الروم وبلغه بعد ذلك أن مسلماً قد قتل، فسوف يندم عليه ، ويتمنى أن جميع المشركين فوق ظهر الأرض قد انتهوا جميعاً، ولم ينزف دم هذا المسلم الواحد .

رأي عمر:

عليٌّ يذكِّر أمير المؤمنين بحرصه على حياة كل فرد من جيوش المسلمين، وأن في حفظ دم مسلم واحد الخير كله، فالمسلمون لا يدفعون عدوهم إلى حربهم وهم حينما يعلمون برغبة في الصلح لا يتأخرون عنه، لأن مهمتهم العظيمة هي إخراج الناس من الضلال إلى النور، أومساعدتهم على التخلص من الشرور التي بأنفسهم لا دفعهم إلى القتال .

وبعد ما استمع عمر إلى الرأيين جيداً قال :

«أما أنت يا أبا عمرو – يقصد عثمان بن عفان – فقد أحسنت النظر في مكيدة الأعداء، وأما أنت يا أبا الحسن – يقصد عليّ بن أبي طالب –

فقد أحسنت النظر لأهل الإسلام، وأنا سائر إلى الشام إن شاء الله، ولا قوة إلا بالله^(١).

لخص عمر رأي الصحابيين العظيمين بأن رأي عثمان فيه إدراك كامل، ورؤية إلى ما يمكن أن يكون الروم يخططون له من كيد لأمير المؤمنين، يقتضي ألّا يسير إليهم عمر بنفسه، وأما رأي عليّ بن أبي طالب ففيه حرص على مصلحة المسلمين، وحفظ لدمائهم.

وقد تدبر عمر الأمر جيداً، وعلم أن في مسيره إلى فلسطين حفظًا لدماء المسلمين، ومنعًا لتجدد القتال مع الروم من جديد، والرسول ﷺ يقول: «لزوال السماوات والأرض أحب إلى الله من إراقة دم امرئ مسلم» أو كما قال عليه الصلاة والسلام فإن فناء السماوات والأرض أهون عند الله من جريان دم مسلم، ولذلك استشعر الحاكم عمر مسؤولية تجدد القتال مع الروم، والعرب كانت لا تحب إذا قاتلت عدواً أن تدفعه إلى الموت، لأنه سوف يحرص على إراقة دم عدوه، فإن رفض عمر المسير إليهم، أيقنوا بنهايتهم، وقاتلت الروم قتال المستميت، الحريص على إماتة أكبر عدد من المسلمين قبل أن يموت، ولذلك يقبل عمر المسير لمسافة طويلة كي يحفظ دم المسلمين الطاهر الزكي.

____

(١) الفتوح – ابن أعثم – جـ ١ – ص ٣٩٢.

هكذا كان تصرف الحاكم المسلم الذي يعرف حجم المسؤولية، ويحرص على أرواح جنوده، ويراها مهمة خطيرة هو محاسب عنها في الحياة الدنيا أمام جميع المسلمين، وإن كان فيهم الذي ينادي بعدم ذهابه إلى عدوه، ويوم القيامة سيسأل عنها أمام الله، لذلك فهو مستعد للتضحية بنفسه هو إن كان في ذلك حفظ لحياة مسلم.

أين هذا الموقف العظيم المشرف من مواقف حاكم الروم المخزية الفاشلة؛ أين هو من قيصر الروم هرقل الذي هرب إلى أبعد مكان عن ميدان الحرب، وترك جنوده يواجهون المسلمين بعيداً عنه؟.

أين هذا من موقف الأرطبون الذي اشتهر بالذكاء والشجاعة، وساعة أيقن أن مدينة إيليا – وهي المدينة المقدسة – سوف تستسلم للمسلمين هرب بنفسه إلى مصر، وترك أهلها يواجهون هذا الموقف بدونه؟[1].

إن عمر الحاكم المسلم قد تربى على يد الرسول ﷺ، وتعلم منه أصول الحكم، وعرف العدل على حقيقته عبر هديه العظيم، ومن قبلها كلام الله القرآن الكريم، ولذلك تعلم ما لم يتعلمه حاكم الدولة العظمى؟.

---

(١) تاريخ الطبري – جـ ٣ – ص ٦٠٨.

خروج عمر إلى الشام:

واستعد عمر للخروج، فجمع الناس وأخبرهم برغبته في الذهاب إلى الشام، وبأنه يريد أن يحفظ دماء المسلمين، كما أخبرهم بأنه جعل على حكم المدينة علي بن أبي طالب .

ثم نزل من على المنبر، وأخذ بعيراً فجعل عليه تمراً، وسويق الشعير؛ وهما ما يأكله أفقر الناس، وجعل بينهما ماء، ونوى السفر وهو صائم، فلم يزل على هذه الحالة حتى وصل إلى بلاد الشام .

أما عن الجيش الذي جهزه معه ليساعد المسلمين في حصار الروم فكان على مقدمته العباس ابن عبد المطلب عم الرسول ﷺ (١) .

وعندما اقترب عمر من الشام خرج أبو عبيدة لاستقباله، هو والمسلمون وعمر الحاكم الذي فتح الله عليه، ونشرأصحابه في العالم يحاربون الجبابرة من الفرس و الروم، وهو الآن مقبل على فتح مدينة القدس وهي أعظم مدن الروم لما فيها من مقدسات، فماذا كان يرتدي حاكم المسلمين؟ لقد كان يرتدي جبة من صوف، وعباءة عادية، وعندما رآه أبو عبيدة أقبل عليه وعانقه، وأخذ عمر يسأل عن الصحابة العظام ، واحداً، واحداً، سؤال الأخ عن أخيه، لا الحاكم عن المحكومين، فقد علمهم الإسلام أنهم جميعاً أمام

---

(١) البداية والنهاية – ابن كثير – جـ ٤ – ص ٧٥ .

الله متساوون، وما كون عمر حاكماً عليهم، إلا أمراً دنيوياً لصالح المسلمين، وهم بعد ذلك جميعاً يطلبون الأجر والثواب من الله. وحينما طلب منه أن يلبس الثياب الفخمة المعطرة كي يعظم في عيون الناس، قال بأنه لا يريد أن يعود نفسه على ما لم تتعود عليه، وأخذ يحذرهم من الإعجاب بما لديهم من زينة الحياة الدنيا[1].

لو قالها غيرك!:

ونظر أبو عبيدة إلى ثياب حاكم المسلمين فوجد أن الثياب التي يرتديها مع كونها بسيطة فإنها ليست على حالها، لأن عمر كان قد وجد مخاضة أي: مكاناً ممتلئاً بالماء والوحل في طريقه منعه من المسير، فما كان منه إلا أن نزل عن بعيره، ونزع ما يرتديه في قدميه، فأمسكهما في يده، ودخل فيها، وهو ممسك بزمام – أي: لجام – جمله، وبعد أن عبر المكان، ظهر أثر ذلك بوضوح على ملابسه، فقال أبو عبيدة له:

– ((قد صنعت صنيعاً عظيماً عند أهل الأرض، صنعتَ كذا وكذا))

إنَّ هذا الذي فعله حاكم المسلمين في نظر أهل الأرض، من الروم واليهود الذين تعودوا على عظم مظهر ملوك الروم أمامهم، وينتظرون أن يروا الحاكم الذي أذل الله هؤلاء الجبابرة له، وأحل حكمه بدلاً من ملكهم،

ويتوقعون أن يروا ملكاً جميل الثياب، عليه من الزينة؛ الذهب والأحجار الكريمة، فيفاجؤون بعمر بن الخطاب وعليه مثل هذه الثياب التي دخل بها في المياه ثم جفت .

فماذا كان رد عمر على كلمات أبي عبيدة هذه ؟ لقد ضربه في صدره، علامة على عدم رضاه عما يقول في حزم:

« أولو غيرك يقولها يا أبا عبيدة! إنكم كنتم أذل الناس، وأحقر الناس، وأقل الناس، فأعزكم الله بالإسلام،فمهما تطلبوا العزة بغيره يذلكم الله »[1] .

عمر الحاكم العظيم لا يرضى عن كلمات أبي عبيدة هذه ، إذ كيف يعاتبه ويناقشه في مظهره؛ وهو أبو عبيدة العظيم الإيمان، ولذلك يقول له : لو أن غيرك قال هذه الكلمات لكان لي معه رد آخر، ثم يطلق عمر كلمته الخالدة، والتي حفظها التاريخ جيداً لواحد من أعدل الحكام، وأعظمهم ملكاً، قال عمر بأن العرب كانت أذل الناس، وأقل الناس استطاعة وملكاً، ولم يكن أحد في الأرض ينتبه إليهم، أو يخاف منهم، أويظن أنهم سوف يكونون أصحاب قوة في يوم من الأيام، حتى جاءهم الإسلام،وأكرمهم الله به، وغيرّ حياتهم، وبالتالي تغيرت نظرة الناس إليهم حينما صاروا حكام الأرض، فليس للمسلمين إلا الإسلام سر عظمتهم لا ثياب ولا جواهر ولا زينة .

____

(١) البداية والنهاية – ابن كثير – جـ ٤ – ص ٨١ .

الفصل الخامس

فتح عظيم

لقاء عمر بقادة الجند:

لم ينتظر عمر حتى يستريح من تعب السفر، وإنما أسرع إلى حيث ينتظره قادة الجنود، فلما وصل إليهم، وجدهم في انتظاره، وعليهم من الثياب الغالي الذي صُنعَ من «الديباج»، وهو قماش جميل كان عظماء الروم يصنعون منه ثيابهم، وكان المسلمون قد حصلوا عليه كغنائم منهم فغضب عمر من مظهرهم، وقال لهم بأنهم قد ارتاحوا منذ سنتين، أي: منذ غزو بلاد الروم، وبدأ فتح الله عليهم بها، ولم يهدأ حتى قالوا له، بأنها من زيّ أهل هذه البلاد، الذي اعتادوا على ارتدائه، ثم هم قد ارتدوا السلاح فوقه[1].

فعمر الحاكم لا يريد من قادته أن يكونوا معزولين عن عامة الناس، لا يريد لهم ارتداء الملابس الفاخرة، والناس لا تجد مثل هذه الملابس، وإنما هو يريد نشر العدل في الأرض كلها كي لا يحس حتى أعداء الإسلام بظلم المسلمين، فهو لا يرتاح إلا بعد أن يخبره القادة أن هذه الثياب منتشرة هنا،

---

(١) ديوان العبر والمبتدأ والخبر – ابن خلدون – ص ١٠٦.

ثم إنهم مجهزون بسلاحهم لم يرتاحوا، ولم ينسوا مهمتهم الأساسية التي خرجوا من أجلها وهي الجهاد، ونشر العدل والأمان .

عمر يعبر باب بيت القدس:

ووصل عمر إلى باب مدينة بيت المقدس، وكان المسلمون قد اتفقوا على كان مكان اسمه «الجابية»[1] كي يلتقي عنده مع أهل مدينة بيت المقدس لعقد الصلح، بينما كان عمرو بن العاص، وشرحبيل بن حسنة في مكانهما لم يتحركا فقابل رجل من اليهود عمر وقال له :

«لا ترجع إلى بلادك حتى يفتح الله عليك إيليا»[1] .

أهل بيت المقدس يطلبون الصلح:

وبينما عمر والرجل كذلك إذ رأيا خيلاً كثيرة مقبلة، فأسرع المسلمون إلى سلاحهم، فنظر عمر ثم قال: إنها قد جاءت طالبة الصلح على أن يسلموا مدينة بيت المقدس، وأعطى عمر لأهل كل بلد نسخة من عهده بالأمان له ، وقد جاء فيه:

«بسم الله الرحمن الرحيم . هذا ما أعطى عبدُ الله عمر أمير المؤمنين أهل إيليا من الأمان؛ أعطاهم أماناً لأنفسهم، وأموالهم، ولكنائسهم وصلبانهم،

أنه لا تسكن كنائسهم ولا تهدم ، لا يُنقص منها ولا من حيـزها – أي : مكانهـا – ولا من صليـبـهم، ولا من شيء من أمـوالهـم، ولا يُكـرهون على دينهم – أي : لا يجبرون على الخروج من دينهم –، ولا يضارّ أحد منهم، ولا يسكن بإيليا أحد من اليهود، وعلى أهل إيليا أن يعطوا الجزية كـما يُعطي أهل المدائن، وعليهم أن يخرجوا منها الروم، واللصوص – اللصوص –، فمن خرج منهم فإنه آمن على نفسه وماله حتى يبلغوا مأمنهم – أي : يصلوا إلى المكان الذي يريدون الوصول إليه ... .»

وهذه هي عظمـة الإسـلام التي ظهـرت في هذه الوثيقـة التي ستظل شاهداً على عـدل المسلمين ، وعظمـة الإسلام حينما يسـود في الأرض، وينتشر، فإنهم لم ينتقموا من أهل بيت المقدس الذين طلبوا أمير المؤمنين بنفسه، بل جاء إليهم عمر متواضعًا، وكتب إليهم ما أرادوا، وجاء في أول عهده أنهم آمنون على أنفسهم وأموالهم، وكنائسهم، فلا يتعرض لها أحد من المسلمين، ولا تنقص، أيُّ دين هذا الذي يسمح لأتباع ملة أو دين غيره أن يمارسوا عبادتهم كـما يريدون؛ بل يعلن أنه سـوف يحفظ لهم أماكن عبادتهم، بل سوف لا يجبرون على ترك دينهم، وهم أحرار فيما يريدون، وسـوف يحمون من اليـهـود واللصـوص، والظلمـة من الروم، الذين ينبغي عليهم أن يخرجوا من البلدة، إنه الإسلام العظيم، الذي أعاد الخير والجمال

والصفاء إلى الأرض وقت أن ساد .

مكانة بيت المقدس عند المسلمين:

وإذا كان بيت المقدس مكاناً مقدساً عند اليهود والنصارى فإنه ذو مكانة عظيمة عند المسلمين؛ لأن فيه المسجد الأقصى ذلك الذي أسرى الله – عز وجل – فيه برسوله العظيم ساعة أن ضيَّق عليه مشركو مكة، واضطهدوه، كي يخفف عنه، وفيه جمع له جميع الأنبياء والمرسلين، فصلى بهم الرسول ﷺ إماماً، وذكره الله في القرآن الكريم .

﴿ سُبْحَانَ الَّذِي أَسْرَىٰ بِعَبْدِهِ لَيْلاً مِّنَ الْمَسْجِدِ الْحَرَامِ إِلَى الْمَسْجِدِ الْأَقْصَى الَّذِي بَارَكْنَا حَوْلَهُ لِنُرِيَهُ مِنْ آيَاتِنَا إِنَّهُ هُوَ السَّمِيعُ الْبَصِيرُ ﴾ [الإسراء: ١] .

وبذلك يكون الرسول ﷺ هو أول الفاتحين لهذا المكان المبارك في ليلة الإسراء من العام الثالث قبل الهجرة(١) .

اجتماع المسلمين:

وكان من الذين شهدوا الصلح الذي كتبه عمر لأهل بيت المقدس، والرملة، عمر بن العاص وخالد بن الوليد، ومعهم بالطبع أبو عبيدة بن الجراح وهكذا اجتمعت قلوب المسلمين والقادة على حاكمهم عمر بن

---

(١) انظر عمر بن العاص – عبد السلام العشري – ص ٥٧ .

الخطاب الذي حرص على السفر إليهم بنفسه منعاً لحرب كبرى تتجدد بينهم وبين الروم، سوف يعمل اليهود فيها على تقوية موقف الروم.

وبعهد الأمان الذي وقع عليه أمير المؤمنين فرح أهل مدن فلسطين، وعمت البشرى جميع وجوه المسلمين، بنصر الله، وبفتحه الذي اضطر أهل أعظم مدن الروم إلى التسليم دون قتال.

أما الأرطبون الذي كان يُعرف بالذكاء وبالشجاعة فقد هرب، لقد كان الناس يعرفونه، ذكياً شجاعاً، ولكن هذا قبل أن يقابل المسلمين، أما وقد قابلهم، وتحدث مع عمرو علم أنه لا يستحق هذه الألقاب.

وهكذا أخذ عمرو بن العاص صاحب نصر أجنادين يتطلع إلى مكان جديد ينشر فيه دين الله تعالى، وهو قد احتفظ في نفسه بحديث يريد أن يخبر به أمير المؤمنين عمر، سنعرفه في فتح مصر[1].

---

(١) ديوان العبر والمبتدأ والخبر – ابن خلدون ص ١٠٦.